Sex lustig
Erotik-Verse von der Frau Wirtin von der Lahn
für die Gebildeten unter ihren Verächtern

Hans Ödel

Sex lustig

Erotik-Verse von der Frau Wirtin von der Lahn
für die Gebildeten unter ihren Verächtern

Bibliografische Information der Deutschen Nationalbibliothek:
Die Deutsche Nationalbibliothek verzeichnet diese Publikation in der
Deutschen Nationalbibliografie; detaillierte bibliografische Daten sind im Internet über
http://dnb.d-nb.de abrufbar.

© 2012 Hans Ödel
Satz, Umschlaggestaltung, Herstellung und Verlag:
BoD™ - Books on Demand, Norderstedt
ISBN: 978-3-8448-4792-5

Frau Wirtin hatte 'ne Vision,
sah Aids, das große Unheil, droh'n.
»Vorbei«, sprach sie, »die Moden.«
Bald gelte auch beim Sex der Spruch:
Handwerk hat gold'nen Boden.

Frau Wirtin kannt' 'nen General,
der liebte Frauen ohne Zahl.
Kein Schoß, der sich nicht regte,
ja dessen kleiner Grenadier
nicht strammzustehen pflegte.

Frau Wirtin hielt nach altem Brauch
sich einen echten Vampir auch.
Doch konnt' der Lust nicht bieten.
Da jagte sie ihn weg vom Hals
ins Reich der Hämorrhoiden.

Frau Wirtin hatte einen Schwaben,
von dem war keine Mark zu haben.
Sie liebte zwar ohne' Murren,
doch hörte man statt Lustgeschrei
nur ihren Magen knurren.

Frau Wirtin hatte 'nen Friseur,
der schenkte ihrem Wunsch Gehör,
ja folgte auf der Stelle.
So krönte ihren Unterleib
bald eine Dauerwelle.

Frau Wirtin hat auch engagiert
Sex im Alter propagiert.
Doch stets sind ihre braven
Eltern, wenn sie es versucht,
beim Vorspiel eingeschlafen.

☺

Frau Wirtin hatte 'nen alten Knaben,
'nen Kaufmann mit mehr Soll als Haben.
Wer schildert seine Qualen,
als auch bei ihr allmonatlich
er in den roten Zahlen?

☺

Frau Wirtin hatte 'nen Technologen,
der mit Sensoren sie überzogen.
Die fahndeten nach Spasmen.
Doch nie hätt' sie was vorgetäuscht,
am wenigsten Orgasmen.

☺

Frau Wirtin hatte, welch Malheur,
'nen Elektronikingenieur,
der nur, was sie verdrossen,
die Stadien ihrer Leidenschaft
als Diagramm genossen.

☺

Frau Wirtin träumte, als wär's echt,
dass sie im Krieg den Feind geschwächt.
Schnell suchte er das Weite.
Doch wo Jeanne d'Arc das Schwert gebraucht,
genügte ihr die Scheide.

Frau Wirtin kannt' 'nen Satanspriester,
der nannte alle Frauen Biester
in seinem bösen Fimmel.
Denn sie sei'n schuld, dass er beim Akt
sich fühle wie im Himmel.

Frau Wirtins Magd, 'ne nicht sehr holde,
sich mal ein Gast schön trinken wollte.
Groß waren seine Wehen,
als nach manchem Glase Wein
er doppelt die gesehen.

Frau Wirtins Ehemann in spe
fiel wiederholt vom Kanapee.
Laut hörte man ihn klagen:
Aus ihren Kurven werde man
förmlich hinausgetragen.

Frau Wirtin hatte einen Sohn,
der ihr mit sieben Jahren schon
zum Muttertag geschrieben,
er danke ihr, dass seinerzeit
sie ihn nicht abgetrieben.

Frau Wirtin, ohne Ruh und Rast,
hatt' auch 'nen Schauspieler zu Gast.
Der durfte bei ihr tingeln.
Dabei ließ er's vorm ersten Akt
und nach der Pause klingeln.

Frau Wirtin sah, wenn sie's auch mied,
manch ausgesproch'nes Mini-Glied
vor sich auf der Matratze.
Sie sprach dann immer deprimiert
von einem Wurmfortsatze.

Frau Wirtin hat sie nie bereut,
die Lieb' aus Spaß nur an der Freud.
Ihr machten Frauen Kummer,
die sah'n als ihre Glückszahl an
des Partners Kontonummer.

Frau Wirtin hatte 'nen Trauerkloß,
der kam vom Rücken her ihr bloß,
weil er sich, im Vertrauen,
da hinten nicht genötigt sah,
mal freundlich dreinzuschauen.

Frau Wirtin hatte einen Mann,
den hielt die Eifersucht im Bann.
Gar düster war sein Ahnen.
So duldete in seinem Haus
er nicht einmal Bananen.

☺

Frau Wirtins zweiter Ehemann
kam nie ihr mit Geschenken an,
da einer von den Laxen.
Er fühlte ihrem Dank im Bett
sich einfach nicht gewachsen.

☺

Frau Wirtins dritter Ehemann
war auch nicht übel mit ihr dran.
Auch hier gab's kaum ein Kettchen.
Sie gehe, sprach er selbstbewusst,
auch so mit ihm ins Bettchen.

☺

Frau Wirtin kannt' 'nen Casanova,
der wollt' stets Neues auf dem Sofa.
Enthüllten sich die Damen,
gab's allerdings auch manche schon,
die ihm bekannt vorkamen.

☺

Frau Wirtin kannte einen Herrn,
der hielt sich stets von Frauen fern,
die allzu kühl und bieder.
Er liebte Rendezvous der Lust,
nicht Stehpartys für Glieder.

Frau Wirtin war es stets ein Graus:
'ne kalte Magd in ihrem Haus.
Wenn da beim Gast 'ne Puppe
nicht flott genug die Röcke hob,
gab's Frostschutz in die Suppe.

Frau Wirtin bracht' durch ihre bloße
Nähe in die Herrenhose
ein munteres Geschehen.
Was man darin für sie empfand,
war nicht zu übersehen.

Frau Wirtin erntete viel Dank.
Doch nicht allein für Speis und Trank.
Der Gast gab gute Noten
auch dafür, dass sie Liebeslust
ihm à la carte geboten.

☺

Frau Wirtin sagte unverblümt,
als einer sich vor ihr gerühmt,
dass oft er in sie fahre:
Sie schätze feine Maßarbeit
und keine Meterware.

☺

Frau Wirtin hat die Frau'n gelehrt:
»Ihr erst gebt Mannesgliedern Wert.
Ihr lasst sie stolz sich regen,
sodass sie förmlich über sich
hinauszuwachsen pflegen!«

☺

Frau Wirtin sagte frank und frei,
als sie gefragt, was Glück denn sei,
zu Gästen und Gesinde:
»Glück nennt man, wenn bei Frau und Mann
Orgasmen geh'n und Winde.«

☺

Frau Wirtin nahm 'ne Maid beim Schopfe,
der ging ein Mann nicht aus dem Kopfe.
Ernst mahnte sie die Göre,
dass dieser – wenigstens zum Teil –
woanders reingehöre.

Frau Wirtin pflegte auf die Frage,
weshalb denn keinen Schmuck sie trage,
gelangweilt zu erwidern:
»Statt Gliedern von der Kette schätz'
'ne Kette ich von Gliedern.«

Frau Wirtins Mann sah bang und banger
sie stets nur durch den Hausfreund schwanger.
Er dachte sich beklommen,
es müsste doch mal möglich sein,
dem Kerl zuvorzukommen.

Frau Wirtin sprach aus edlem Triebe,
es sollte sich in Sachen Liebe
manch Frau zu mehr bequemen,
als – tue sie's wortwörtlich auch –
den Mund nur voll zu nehmen.

☺

Frau Wirtin sprach: »Sagt Nein, sagt Ja –
manch Kerl bleibt so und so nicht da.«
Deshalb ein Ja zum Rüpel.
Da lieber ein- als keinmal Spaß,
sei er das klein're Übel.

☺

Frau Wirtin hatte ein Freierlein,
das ging bald an Erschöpfung ein.
Sie weinte notgedrungen
und sprach, dass ihm zum ersten Mal
etwas perfekt gelungen.

☺

Frau Wirtin bat, wenn auch kokett,
Respekt sich aus in ihrem Bett.
Mit ihr war nicht zu spaßen.
Nahm da ein Glied nicht Haltung an,
ward ihm der Marsch geblasen.

☺

Frau Wirtin kannte einen Pfleger,
der schon passé als Lusterreger.
Kam der mal in die Gänge,
dann war es ihr gewöhnlich nur,
als ob am Tropf sie hänge.

Frau Wirtin gab dem Sohn den Rat:
»Such eine Frau dir von Format,
'ne herzige, 'ne warme.
Denn lieber in der Hand den Spatz
als eine Gans im Arme.«

Frau Wirtins Kunst war legendär.
Sie mache, ging von ihr die Mär,
das Glied hart wie 'nen Knochen.
Man habe sich's in ihrem Bett
sogar schon mal gebrochen.

Frau Wirtin hat nicht viel gegeben
auf mancher Herren Innenleben.
Sie pflegte zu betonen,
dass ihr nur Winde was erzählt
von Erbsen und von Bohnen.

☺

Frau Wirtin testete Eunuchen
in ganzen Serien von Versuchen
sowie auch Impotente.
Erst ihre Expertise bracht'
'ne Invalidenrente.

☺

Frau Wirtin kannte 'ne Emanze.
Für diese war – sie ging aufs Ganze –
der Mann als Mensch in Rente,
nichts als der Anhang eines Glieds,
gleichsam das dicke Ende.

☺

Frau Wirtin hatte 'nen Kavalier,
der liebte Freudenhaus-Pläsier.
Doch blieb ihr rein sein Name.
Sie sprach: »Wer nicht die Dirne ehrt,
ist auch nicht wert der Dame.«

☺

Frau Wirtin hatte 'nen Callgirl-Ring,
durch den sie manchem armen Ding
die Weihe erst verliehen.
Sie sprach: »Ein Callgirl ruft man an;
die Frau wird angeschrien.«

Frau Wirtin liebte mit Gewähr.
Drum fand sie es kein bisschen fair,
wenn Herren stark sich stellten
doch – hast du nicht geseh'n – sie stets
um den Orgasmus prellten.

Frau Wirtin sah man unter Wehen
am Grabe eines Penis stehen.
War sie doch mit dem Rangen
einst in der Worte wahrstem Sinn
durch dick und dünn gegangen.

Frau Wirtin suchte Freudenquellen
bei einem Intellektuellen,
der, merkte sie beklommen,
rein theoretisch sie geliebt.
Sie konnt' dabei nicht kommen.

☺

Frau Wirtin pflegte zwar durchtrieben,
doch altruistisch nur zu lieben.
Sie hielt nicht viel von Leuten,
die oft im stillen Hobby-Raum
»Do it yourself!« missdeuten.

☺

Frau Wirtin gab, wenn sie verkehrt,
dem Vorspiel hohen Stellenwert.
Und ward es recht betrieben,
dann pflegte, und zwar wörtlich stets,
sie wie geschmiert zu lieben.

☺

Frau Wirtin hatte eine Schwester,
die schon ein älteres Semester.
Ihr Schlafgemach, oh Jammer,
das früher mal ein Bürstenspind,
war jetzt 'ne Besenkammer.

☺

Frau Wirtin, menschlich stets O. K.,
war, als sie bei der Heilsarmee,
Soldat der schnellen Truppe.
Hat manchen armen Kerl befreit
von seiner Gummipuppe.

Frau Wirtin, Stern zwar unter Sternen,
konnt' trotzdem leicht man kennenlernen,
in allen Wesenszügen.
Stets hatte mit der Ehre man
sogleich auch das Vergnügen.

Frau Wirtin kannt' 'ne Pazifistin,
die sich verstand als wahre Christin,
als Heilige auf Erden.
Doch kam im Bett ihr einer fromm,
konnt' sie sehr böse werden.

Frau Wirtin meinte: »Dumm der Wicht,
der schlecht von leichten Mädchen spricht.
Sein Weib wird ihn betrügen –
um das, was in ihr Dirne ist,
und so um manch Vergnügen.

☺

Frau Wirtin, eine von den Süßen,
sah 'nen Konditor sich zu Füßen.
Beim Höhepunkt vor Orte
garnierte er das Bäuchlein ihr
wie eine Hochzeitstorte.

☺

Frau Wirtins Freund, ein Kraftpaket,
war an ihr dran von früh bis spät.
Sie kam nicht mehr zur Ruhe.
Da fragte skeptisch sie einmal,
ob er denn pinkeln tue.

☺

Frau Wirtin sprach, gewieft genug,
zum Thema »Partner und Betrug«
auf 'ner Juristentagung.
Ihr Referat: »Die Onanie –
ein Fall von Unterschlagung.«

☺

Frau Wirtin hatte der Herren sieben,
die wollte simultan sie lieben.
Doch drei waren das Gemäße.
So richtete voll Neid den Blick
sie auf den Schweizer Käse.

Frau Wirtins Mägde, flink beim Kosen,
beseitigten in Herrenhosen
Notstände auf der Stelle.
Sie höchstpersönlich nahm sich an
besonderer Härtefälle.

Frau Wirtin hatte großen Kummer,
erhielt 'nen Pelz für eine Nummer.
Ein Schlag für ihre Ehre!
Für etwas Spaß solch Honorar –
als ob sie Ehefrau wäre.

Frau Wirtin hätte, da betucht,
gern einen Flug ins All gebucht.
Ihr Busen, dacht' sie helle,
wär' außerhalb der Erdschwerkraft
aufs Neu an Ort und Stelle.

☺

Frau Wirtin kannte ein Fixerlein,
dem sollte sie die Rettung sein
aus seinem Teufelskreise.
Verhalf ihm zwar zum goldenen Schuss,
jedoch auf ihre Weise.

☺

Frau Wirtin hatte eine Dirne
mit leichtgewichtigem Gehirne.
Die machte ihr viel Kummer:
Sie gab mit bestem Dank das Geld
zurück nach jeder Nummer.

☺

Frau Wirtin kannte einen Schwulen,
bei dem vergeblich all ihr Buhlen.
Oh nein, war das ein Dummer:
Wenn mal sein Freund an Durchfall litt,
befiel ihn Liebeskummer.

☺

Frau Wirtin hatte eine Maid,
die überall und stets bereit.
Sie liebte ohn' Erbarmen.
Und wer sie vergewalt'gen wollt,
rief selbst bald nach Gendarmen.

☺

Frau Wirtin kannte 'ne Lesbierin,
die zog es mächtig zu ihr hin.
Was sind das heiße Dinger!
Kaum war sie ihrem Schwarme nah,
bekam sie steife Finger.

Frau Wirtin hatte 'nen Junggesellen
und konnte auf den Kopf sich stellen
zwecks Besserung des Wichts.
Für ihn blieb selbst die schönste Frau
der Rand nur um ein Nichts.

Frau Wirtin hatte einen Herrn,
der blieb ihr, war er auch mal fern,
ein Bettkumpan, ein treuer.
Zu Haus, bei seiner Ehefrau,
da kam es ihn zu teuer.

☺

Frau Wirtin hatte einen Physiker noch,
der sprach von einem schwarzen Loch,
das, weit im All, dem kühlen,
nicht mehr herausrückt, was mal drin. –
Sie konnte mit ihm fühlen.

☺

Frau Wirtin traf mal einen Wiener,
der machte höflich einen Diener,
ließ seinen Charme dann walten
und küsste ihr galant die Hand,
mit der sie aufgehalten.

☺

Frau Wirtin hatte einen Masseur,
der machte doch – à la bonne heure! –
oft ganz verwegene Dinger:
entspannte sie von Kopf bis Fuß
allein mit einem Finger.

☺

Frau Wirtins Schoß ward zum Rebell,
wenn sie gedient als Aktmodell.
Wie keusch auch ihr Posieren,
er pflegte – mächtig, wie er war –
'ne Lippe zu riskieren.

Frau Wirtin sah in den Franzosen
ein Volk von Liebesvirtuosen.
Weil einer dieser Braven
zu ihr als Staatenloser ging,
gelang's ihm durchzuschlafen.

Frau Wirtin hatte 'nen faulen Dicken,
der wollte auf den Strich sie schicken.
Sie sagte dieser Made,
für 'ne Bedürfnisanstalt sei
sie sich nun doch zu schade.

Frau Wirtin tat ein Mann stets leid,
der eine Luxusfrau gefreit,
die nur darauf versessen,
im Schweiße seines Angesichts
fortan ihr Brot zu essen.

☺

Frau Wirtin fand es gar nicht fein:
Ein Partner traf nicht bei ihr ein.
Bald hörte sie beklommen:
Noch eh' er bei ihr angelangt,
sei er bereits gekommen.

☺

Frau Wirtin hatte einen Freund,
der sie am liebsten eingezäunt.
Er trieb mit einer Latte
mal einen Mann aus ihrem Bett,
der war ihr Ehegatte.

☺

Frau Wirtin sprach vom Freudenhaus,
es sehe eher traurig aus,
die Damen seien Ware.
Sie ordnete sie deshalb zu
dem toten Inventare.

☺

Frau Wirtin war vorm Lustpunkt schon,
da klingelte das Telefon.
Dran war der nächste Knabe.
Sie hauchte, dass sie über kurz
einen Termin schon habe.

Frau Wirtin kannte 'nen Poeten,
der nur drauf aus, sie anzubeten.
Er reimte im Akkorde
und pries selbst ihre Winde noch
als Lieder ohne Worte.

Frau Wirtin war mit frohem Mut
stets dem Gerichtsvollzieher gut.
Auch hier die alte Leier:
Vom Kuckuck ringsum nichts zu seh'n,
im Neste fremde Eier.

☺

Frau Wirtin pflegte sich zu herzen
mit dicken und mit dünnen Kerzen,
wie sie gerade kamen.
Stilvoll griff sie zu guter Letzt
zu einem Grablicht, Amen.

☺

Frau Wirtin liebte Zärtlichkeiten,
das sanfte Vor- und Nachbereiten.
Wer allzu rasch am Pennen,
den pflegte sie verächtlich nur
»Verkehrs-Rowdy« zu nennen.

☺

Frau Wirtin meinte, ohne Scherz,
am besten liebe sich's mit Herz.
Statt der Professionellen,
sah Amateurinnen sie hier
die Meisterinnen stellen.

☺

Frau Wirtin hatte eine Magd,
die jedem Glücke nachgejagt.
Die Ärmste ging zugrunde,
als sie die Warnung missverstand
vor einem scharfen Hunde.

Frau Wirtin, ein gesundes Haus,
war dennoch sehr auf Ärzte aus,
doch rief bei deren Treiben:
»Was hab' ich schon vom Exitus? –
Lasst mich beim Koitus bleiben!«

Frau Wirtin liebte mehr und mehr
im Geist der Zeit: humanitär.
Gerühmt in allen Gauen,
bot unterm Rocke sie Asyl
den Männern kalter Frauen.

Frau Wirtin hatte 'nen Mann vom Bau,
den machte die versierte Frau
bei allen Leuten madig.
Berechnete doch ängstlich er
stets ihrer Stellung Statik.

☺

Frau Wirtin kriegte einen Schock,
sprach doch ein Mädchen mal: »Null Bock«.
Sie fand's direkt zum Weinen
und sagte mitleidsvoll: »Mein Kind,
du kriegst von meinen einen.«

☺

Frau Wirtin hatte einen Inder
und dieser eine Menge Kinder.
Sie wollt' ihn nicht verhöhnen,
doch sprach, er müsse sich bei ihr
an Nullserien gewöhnen.

☺

Frau Wirtin hatte 'nen Architekten,
mit Starallüren, die sie schreckten.
Ein Irrer, wie sie dachte,
da er vor jedem Akt mit ihr
erst mal 'ne Zeichnung machte.

☺

Frau Wirtin gab von spät bis früh
mit einem Mann sich alle Müh',
doch wollt' sich nichts bewegen.
Da er Nudist, war wohl der Grund
auch hier der saure Regen.

☺

Frau Wirtin hatte einen Taucher,
der weder Trinker war noch Raucher.
Beim Wirken mit dem Munde
ging dennoch er in ihrem Schoß
am Tiefenrausch zugrunde.

Frau Wirtin hatte eine Nichte,
die machte Umweltschutz-Geschichte.
In manchem holden Liede
ward sie gepriesen weit und breit
ob ihrer Feuchtgebiete.

Frau Wirtins Tante, ungeniert,
hätt' sich ums Haar einmal flambiert,
was wirklich nicht zum Lachen.
Vergaß sie doch im Sinnenrausch
die Kerze auszumachen.

☺

Frau Wirtin, die 'nen Bergmann nahm,
ihn selten zu Gesicht bekam.
Ein Kumpel, ohne Frage.
Denn kaum war er in ihrem Bett,
verschwand er unter Tage.

☺

Frau Wirtin hatte 'nen Polizisten,
gefürchtet auf den Autopisten.
Der ließ sie, ohne Spaßen,
selbst im Bett vor dem Verkehr
erst mal ins Röhrchen blasen.

☺

Frau Wirtin hatte couragiert
mal 'ne Französin importiert,
die ganz verworfen guckte
und, wie von ihren Fans gehört,
sich selten mal verschluckte.

☺

Frau Wirtin hatte ein Französchen,
dem träumte nachts von einem Schößchen.
Daran war das Infame,
dass ihm nicht auch erscheinen wollt'
die zugehörige Dame.

Frau Wirtin hielt sich auch einmal
'nen Oberkellner im Lokal.
Sah sich gefragt der Knabe:
»Hamse Russische Eier, Herr?«,
sprach er, nein, er sei Schwabe.

Frau Wirtin sprach, man sollt' nicht wetzen,
dem Sexstrolch sich nicht widersetzen,
damit ihn nichts erbose.
Drum ging sie auch im Park bei Nacht
stets ohne Unterhose.

Frau Wirtin sprach:»Der Einsame
hat's besser als der Zweisame.
Braucht sich nur zu ertragen
und kann sich selbst verwirklichen,
wenn Blähungen ihn plagen.«

Frau Wirtin hat auch mit Pläsier
bestochen den Gerichtsvollzieher.
Doch eines Tags, im Traume,
da sorgte sie sich, als er rief:
»Zum Kuckuck mit der Pflaume!«

Frau Wirtin fand oft keinen Schlaf,
aus Furcht, man habe dieses Schaf
von Tochter just beim Wickel.
Dann dacht' sie an ihr Schlüpferlein
und baute auf den Zwickel.

Frau Wirtin schickte still und leise
mal eine Weisheit auf die Reise:
dass, möge er auch fluchen,
der Eineiige König sei
unter den Eunuchen.

Frau Wirtin hatte eine Tante,
zwar alt, doch Unschuld noch vom Lande,
die nichts von Wollust ahnte.
Nur wenn sie in Bananen biss,
geschah's, dass ihr was schwante.

Frau Wirtin kannte 'nen Dr. Zehe,
der sah in Liebschaft wie in Ehe
'ne Kostenmaximierung.
So pries er denn die Onanie
als Rationalisierung.

Frau Wirtin hungerte sich schlank,
doch ward ihr keines Mannes Dank.
Sie räumten gar die Felder.
Läuft am Skelett der Penis heiß,
bleibt's Herz nur umso kälter.

Frau Wirtin, von Gewicht entbunden,
sich jedem Wunsche nach mehr Pfunden
hartnäckig widersetzte.
Bis sie mit ihren Knochen mal
'nen Liebhaber verletzte.

☺

Frau Wirtin kannte 'nen Kavalier,
der jeder Frau gereicht zur Zier.
So nannte Herr von Latte
sich einer Dame Busenfreund,
auch wenn sie keinen hatte.

☺

Frau Wirtin kannte 'nen Archivar,
der ohne Frau und Freundin war.
Doch machte er kein Getöse.
Stand einsam und allein sein Glied,
sprach er von »stiller Größe«.

☺

Frau Wirtin warnte ihren Sohn:
»Werd' nicht als Jüngling Vater schon!
Auch wenn du in Ekstase –
bedenke, so ein Mädchenschoß
ist keine Einbahnstraße!«

☺

Frau Wirtin hatte 'nen Mann, 'nen jungen,
der schreiend aus dem Bett gesprungen.
Wo sonst des Schlüpfers Zwickel,
da kollidierte er – oh Schreck! –
mit einem Lockenwickel.

Frau Wirtin hatte einen Grafen,
mit dem ging sie voll Ehrfurcht schlafen.
Bewies ihr doch der Gute
mit seinem Gliede stets aufs Neu,
dass er von blauem Blute.

Frau Wirtin hatte eine Wanne,
darin trieb sie's mit manchem Manne.
Oh hätt' er sie gemieden!
Denn wenn die Frau in Wallung kam,
fing's Wasser an zu sieden.

Frau Wirtin mahnte Frau und Mann:
»Nehmt hurtig euch einander an!
Gehorchet flugs dem Triebe!
Wenn man sich erst lang kenn'gelernt,
ist's aus oft mit der Liebe.«

☺

Frau Wirtin hatte auch 'nen Greis,
den machte sie zuweilen heiß.
Ihn hoben, wenn er munter,
die Leute aus der Nachbarschaft
hinauf und auch herunter.

☺

Frau Wirtin hatte 'nen Baron,
der ward zur Frau per Operation.
Sie konnte es nicht fassen
und rief: »Obwohl du bei mir bleibst,
hast du mich schnöd` verlassen.«

☺

Frau Wirtin war im ganzen Land
als große Sprinterin bekannt.
Hier tat's mal nicht die Scheide,
den Ausschlag auf der Ziellinie
gab ihre Oberweite.

☺

Frau Wirtin hatte auch als Gast
ein Fräulein, das schon bald im Knast.
Es landete die Dame
'nen Coup bei einer Samenbank,
und zwar mit Geiselnahme.

Frau Wirtin hatte einen Schwan,
der wollte sich wie Zeus ihr nah'n.
Genuss war's für sie keiner.
Wahrscheinlich hatte Leda es
'ne Größenordnung kleiner.

☺

Frau Wirtin sah zu ihrem Leid
sich lädiert vom Zahn der Zeit.
Sie dachte sich: ›Schwamm drüber! –
Geht doch selbst die schönste Maid
von Hard- in Software über?‹

Frau Wirtins Schoß, ein offenes Haus,
sah bald nach Räuberhöhle aus.
Und mancher Partner bangte
so sehr nun um sein bestes Stück,
dass er Kaution verlangte.

☺

Frau Wirtin hatte 'nen Pianisten,
der durft' bei ihr sein Dasein fristen.
Denn spielte er vor Orte,
dann nicht mit einem Finger nur –
er griff ganze Akkorde.

☺

Frau Wirtin kannte 'nen Ehemann,
der manches Glück für sie ersann.
Doch fand sie's ungezogen,
dass er sie sonn- und feiertags
mit seiner Frau betrogen.

☺

Frau Wirtin hatte aus USA
Touristen übers Weekend da.
Die waren nicht zu dämpfen.
Lang hatte sie am ganzen Leib
mit Kaugummi zu kämpfen.

☺

Frau Wirtin mocht' Geselligkeit
und feierte in Evas Kleid
nicht nur, wie Gäste fanden,
die Feste, wie sie fielen, nein,
auch Feste, wie sie standen.

Frau Wirtin hatte 'nen Chinesen,
der förmlich hörig ihr gewesen.
Vernaschte sie das Knäbchen,
bediente, wo es angebracht,
die Dame sich der Stäbchen.

Frau Wirtin hatte 'nen Minister,
der zog im Bett alle Register.
Entlud sich dann die Wolke,
hielt voller Stolz 'ne Rede er
vor dem Millionenvolke.

Frau Wirtin zeigte sich auch gnädig
und ward homöopathisch tätig.
Konnte manchen Dankbrief lesen,
etwa, wenn sie ein Glied kuriert,
das chronisch steif gewesen.

☺

Frau Wirtin hatte auch manch Jahr
'ne Magd, die sehr empfindsam war,
ein Fräulein namens Röschen.
Ging weg ihr Schatz, ward's Aug' ihr feucht,
und wenn er kam, das Möschen.

☺

Frau Wirtin, der ein Herr geschrieben:
»Gnä' Frau, ich werd' Sie ewig lieben!«,
entfloh schon bald dem Guten.
Denn ihm gelang dies, wenn er kam,
stets nur ein paar Minuten.

☺

Frau Wirtin hielt die Männer gern
von unterkühlten Damen fern,
für die man sich ja schäme.
Die Herren wären alt und grau,
bis denen es mal käme.

☺

Frau Wirtin war auch manchmal fad,
kam Herren mit dem Götz-Zitat
nach manch gekipptem Korne.
Man nahm sie meistens auch beim Wort,
nur'n bisschen weiter vorne.

Frau Wirtins Technik wie auch Glut
war'n stets für Erektionen gut.
Und ält're Kavaliere
erzählten, sie bediene sich
des Seiltricks der Fakire.

Frau Wirtin sah im Traum sich schwitzen,
als Hexe in den Flammen sitzen.
Damit kein Gast nun weine,
rief sie, dass sie um Mitternacht
mit Backpflaume erscheine.

Frau Wirtin hatte 'nen Advokaten,
bekannt ob seiner schlimmen Taten.
Hat doch das Ungeheuer
den Mädchen, die er schwängerte,
berechnet Mehrwertsteuer.

Frau Wirtin zahlte 'nem Vertreter
fünf Mark pro Penis-Zentimeter.
Doch zeigte sich bald kälter.
Verlangte er, wenn er geduscht,
doch auch noch Spesengelder.

Frau Wirtin kannte einen Alten,
der sich bei ihr noch drangehalten.
Doch bald hat unverdrossen
die Vormundschaft für den Papa
der Sohn bei ihr genossen.

Frau Wirtin hing dem Traume nach
vom Glück, von dem ein Herr versprach,
man könnt's nach Plan erleben.
Doch hat dann stets sein Planungsstab
bei ihr klein beigegeben.

Frau Wirtin ward in einer Nacht
von einem Gast so heiß gemacht,
dass sie sich nicht mehr kannte
und schwitzend seine Manneszier
zum Tauchsieder ernannte.

Frau Wirtin mahnte dann und wann:
»Lacht, Mädchen, euch was Festes an!
Denn es geht schnell und schneller:
Heut vor der Hütte noch das Holz
und morgen schon im Keller.«

Frau Wirtin sprach zum Töchterlein:
»Versorgungsehen sind nicht fein
mit Opas, ohne Leben,
da man nur bei der Stange bleibt,
wo diese noch gegeben.«

Frau Wirtin hatte ein Töchterlein,
das ging einmal im Wald allein.
Ein Schurke wollt's vernaschen,
doch konnt' sich bremsen, da die Maid
zwar rein, doch ungewaschen.

☺

Frau Wirtin kam's nicht in den Sinn,
zu kündigen der Kellnerin,
wenn schuldig sie die Miete.
Denn unterm Rock, wusst' jeder Gast,
da war sie stets liquide.

☺

Frau Wirtin hat nicht viel kapiert,
wurd' über Fußball diskutiert.
Hieß es am Bargeländer,
dass oft man an die Latte schoss,
rief sie: »Ihr Penisschänder!«

☺

Frau Wirtin gab beim Akt ihr Bestes.
Wie jede Frau wollt' sie was Festes.
Nicht, dass der Pfarrer wallte.
Ihr ging es, zu der Herren Glück,
nur um Kubikinhalte.

Frau Wirtin war es eine Pein,
wenn Mannes Zierde ihr zu klein.
Sie blickte an sich nieder
und fragte sich dann jedes Mal:
»Wo steckt er denn nur wieder?«

Frau Wirtin hatte eine Schwester,
die kam abhanden an Silvester.
Als die auf einer Fete
mit einem Treibsatz onaniert,
da ward sie zur Rakete.

Frau Wirtin schickte in Pension
'nen Mann, wenn er bei Jahren schon,
wobei sie Mitleid packte.
So gab es nicht nur Gnadenbrot,
es gab auch Gnadenakte.

Frau Wirtin konnte es nicht fassen,
ihr Liebster hatte sie verlassen.
Die Welt ging für sie unter.
Sie legte schließlich Hand an sich,
da war sie wieder munter.

☺

Frau Wirtin hat den Mann befreit,
bot Jubel, Trubel, Heiterkeit,
bis früh gemahnt die Glocke.
Stets ging's bei ihr feucht-fröhlich zu,
vor allem unterm Rocke.

☺

Frau Wirtin hatte 'nen Untermieter,
der klagte ihr, er würd' nie wieder
in der Mansarde wohnen.
Er wisse nie, wohin mit ihm
bei größeren Erektionen.

☺

Frau Wirtin, ein Begriff ihr Name,
im Bett die große alte Dame,
rief aus: »Gebt mir Akteure!
Man schickt auf die Matratze mir,
wie's scheint, nur noch Claqueure.«

☺

Frau Wirtin predigte Sadisten,
dass Peitschenhiebe, diese tristen
Sex-Maschen, sich nicht ziemen.
In ihrem Hause dulde sie
nur eine Art von Riemen.

Frau Wirtin fand sie äußerst fad,
die Praktiken des Herrn de Sade.
Ihr lag die milde Sorte.
Und statt mit Sacher-Masoch hielt
sie es mit Sachertorte.

Frau Wirtin ließ nicht mit sich spaßen,
wenn mal vom Tuten und vom Blasen
ein Fräulein keine Ahnung.
Wer Letzteres nicht konnt', erhielt
eine besondere Mahnung.

Frau Wirtin pries der Frau Imperium,
den Schoß, als eine Art Mysterium.
Da sprach so'n Knilch: »Welch Masche!
Den kannte ich schon als Embryo
wie meine Hosentasche.«

Frau Wirtin pflegte ohne Zagen,
zuweilen auch an ihren Tagen,
den Herren beizuwohnen.
Doch sprach bei solchen Akten man
schon mehr von Transfusionen.

Frau Wirtin, scharf im Handumdrehen,
konnt' meisterhaft es auch im Stehen.
Wie sah die Herren man drängen,
lud sie im Wirtshaus an der Lahn
zu ihren Steh-Empfängen.

Frau Wirtin sah die Gäste rasen,
wenn sie den Einsatz gab zum Blasen.
Dann bildeten die Schwester,
die Mägde und die Tanten noch
ein großes Blasorchester.

Frau Wirtin meinte, bang im Busen,
zwar sei des Mannes Drang zum Schmusen
gesichert durch Vererbung,
doch danke sie den Pin-up-Girls
für deren Nachwuchswerbung.

Frau Wirtin hatte einen Gast,
neugierig, dass es eine Last.
Und es war keine Phrase,
wenn's hieß, er stecke selbst im Bett
in alles seine Nase.

Frau Wirtin sagte jungen Paaren:
»Seid über eines euch im Klaren,
nicht erst vor Schranken des Gerichts:
Sex in der Ehe ist nicht alles,
doch ohne Sex ist alles nichts!«

Frau Wirtin, die sich leicht erwärmte,
für einen Dramendichter schwärmte.
Doch ist bald abgesprungen.
In ihren Armen waren ihm
nur Einakter gelungen.

☺

Frau Wirtin blieb, trotz ihrer Werte,
mit beiden Beinen auf der Erde,
mit den so wunderbaren.
Auch wenn dieselben oft genug
in luftiger Höhe waren.

☺

Frau Wirtin hat, gar oft geschieden,
die Ehe schließlich ganz gemieden.
Wenn sie in ihrer Kneipe
von ihrer »besseren Hälfte« sprach,
dann nur vom Unterleibe.

☺

Frau Wirtin hat auch imponiert,
dass eine Tochter promoviert,
und zwar, summa cum laude,
im Fache Festkörperphysik,
was die Mama erbaute.

☺

Frau Wirtin fand nichts an Gestalten,
die stolz sich Status-Frauen halten,
gar teure, ohne Frage.
Schönheit, vergänglich, sei ein Flop
als Kapitalanlage.

☺

Frau Wirtin trieb's mit manchem Manne
auch emsig in der Badewanne,
wie sich herumgesprochen.
Doch hielt das Wasser sie so heiß,
als wollt' sie Eier kochen.

Frau Wirtin liebte ohn' Verschnaufen.
Und da sie drohte heißzulaufen,
hat der Brandrat Dröscher
neben ihrem Bett postiert
einen Feuerlöscher.

☺

Frau Wirtin kannte 'nen Firmenleiter,
der sprach, dass Wachstum nur, nichts weiter,
die Umsatzsorgen nehme.
Es löse schließlich auch im Bett
Beschäftigungsprobleme.

☺

Frau Wirtin kannte 'ne Emanze,
schon alt, doch noch im Jungfernkranze,
ein Muster der verkehrten
Damen, die verweigern sich,
ohn' begehrt zu werden.

☺

Frau Wirtin hatte einen Fahrer,
der selbst im Bett noch Kraftstoff-Sparer,
was sie auch akzeptierte.
Sein Wunsch nach einem Abgastest
sie jedoch sehr frustrierte.

☺

Frau Wirtin pflegte mit der Zeit
ein allgemeines Eheleid
im Innern zu berühren.
»Zu Haus«, sprach sie, »reicht's kaum zur Pflicht,
doch draußen bringt man Küren.«

☺

Frau Wirtin kannte nie Langeweile,
der Liebe widmend ihre Teile.
Gefeiert ob der Gabe,
fragte sie, wozu der Mensch
den Unterleib wohl habe.

Frau Wirtin hat in frohen Jahren
an sich und anderen erfahren:
Der Kopf dient der Entfaltung.
Den Unterleib hingegen hat
der Mensch zur Unterhaltung.

Frau Wirtin, gram dem Zahn der Zeit,
trat zwar noch auf in Evas Kleid.
Doch wen sie auch ermuntert,
man hat an ihr zuletzt nur noch
den Faltenwurf bewundert.

☺

Frau Wirtin bot gar tolle Sachen,
im Gaste Feuer zu entfachen.
Ist mit dem Schoß gekommen,
doch hat sich mit Vergnügen auch
einen zur Brust genommen.

☺

Frau Wirtin kriegte auch manch Kind.
Bekam ihr Gatte davon Wind,
verfiel er laut in Klage.
»Sein oder nicht sein?« – Dies war frei
nach Shakespeare stets die Frage.

☺

Frau Wirtin, nie ein Blatt vorm Munde,
rief in der Frauenfeinde Runde:
»Was Eva unterm Baume
einst mit dem Apfel schlecht gemacht,
macht' gut sie mit der Pflaume!«

☺

Frau Wirtin führte in den Listen
auch einen Exhibitionisten.
Wenn er sein Glied freilege,
so sei dies, sprach der Mann von Welt,
Public-Relations-Pflege.

☺

Frau Wirtin mahnte jede Maid,
gerade in der Jugendzeit
der Liebe Lust zu mehren.
Im Bette nämlich pflege man
das Alter nicht zu ehren.

Frau Wirtin, Inbegriff der Liebe,
ja Göttin, wie es hieß, der Triebe,
bekam, ganz ohne Scherze,
als sie dann alt und einsam war,
gestiftet manche Kerze.

Frau Wirtin kannte zwei Astronomen,
die nächtens ihr – nomen est omen –
den Unterschied bewiesen
zwischen einem weißen Zwerg
und einem roten Riesen.

☺

Frau Wirtin, allen Herren gnädig,
war auch als Exorzistin tätig,
als eine ganz famose,
wann immer auch der Teufel los
in eines Mannes Hose.

☺

Frau Wirtin sah man sich empfehlen,
pries man den Gleichklang zweier Seelen.
Sie sprach in barschem Tone,
man sage »Herz«, doch meine man
nur »Sexualhormone«.

☺

Frau Wirtin sprach, 'ne Dame reize,
wenn sie mit ihren Reizen geize.
Mit Stoff etwas zu schummeln
sei besser, als sich hüllenlos
im Knitterlook zu tummeln.

☺

Frau Wirtin hörte, dass gelitten
die Moslemfrauen, die beschnitten,
in Ländern, in entfernten.
Nachts träumte schweißgebadet sie
von Pflaumen, von entkernten.

Frau Wirtin zeigte sich schockiert:
'ne Magd war so anal fixiert,
als wär' sie unter Schwulen.
Mit Müh' nur schafften Gäste es,
im Bett sie umzuschulen.

Frau Wirtin meinte: »Wenn's nicht funkt
an Evas Dreh- und Angelpunkt,
ist Lieb' bald nur noch Mache.«
Denn nicht das Herz, die Klitoris
sei letztlich Kern der Sache.

Frau Wirtin war dem Neuling gram,
der wirkungslos von hinten kam.
Geriet zwar bei dem Tröpfchen
in Stimmung, doch bediente sie
klammheimlich selbst ihr Knöpfchen.

☺

Frau Wirtin war einst als Flötistin
eine begnadete Solistin.
Bekanntlich zart besaitet,
hat sie mit ihrer Kunst auch Freud'
Gehörlosen bereitet.

☺

Frau Wirtin speiste auch einmal
in einem nobleren Lokal.
Als sie vernahm, befangen:
»Gnä' Frau, 'nen Kurzen hinterher?«,
sprach sie: »Schäm dich, 'nen Langen!«

☺

Frau Wirtin liebte am Glied Größe.
Und gab sich einer keine Blöße,
so machte dies die Runde,
war er mit seinen Maßen bald
in aller Damen Munde.

☺

Frau Wirtin legte dann und wann
bei müden Gliedern Hand mit an,
erfolgreich bei den meisten.
Solch Dienst am Nächsten nannte sie
»Entwicklungshilfe leisten«.

Frau Wirtin konnte sie nicht loben,
der Damen reizende Garderoben.
Sie sagte, wegbereitend:
»Die nackten Tatsachen allein
sind für den Mann entscheidend.«

Frau Wirtin, alt, jedoch berühmt,
bekannte schließlich unverblümt,
noch brenne ihre Flamme,
doch komme nur noch in ihr Bett,
wer scharf auf Autogramme.

Frau Wirtin sprach: »Natur hat schlau
in Form von Reizen für die Frau
ein Kapital ersonnen,
das in der Ehe Zins noch trägt,
wenn es schon längst zerronnen.«

Frau Wirtin hatte einen Schneider,
der nähte hauteng ihr die Kleider
für alle Lebenslagen.
Vermutlich hätte auch ihr Schoß
'nen Abnäher vertragen.

Frau Wirtin hatte 'nen Matrosen,
den sie jedoch schon bald verstoßen.
Warum sie's tat, begriff er:
'nen scharfen Seemann wollte sie
und nicht nur einen Schiffer.

Frau Wirtin hatte 'nen Kanonier,
der kam mit 'nem Kaliber ihr,
das wahrhaft furchterregend.
So warf ihn beim Orgasmus stets
der Rückstoß durch die Gegend.

Frau Wirtin kannte 'nen Rechenmeister,
der war ein Scharlatan, ein dreister.
Dozierte doch der Lehrer,
bei seinen Erektionen sei
ein gutes Pfund er schwerer.

Frau Wirtins Liebe war ganz schlicht:
beim Ehemann ein Akt der Pflicht,
wenn sie der Hausfreund packte,
ein Akt der Freud. Im Selbstvollzug
sah sie Verzweiflungsakte.

☺

Frau Wirtin hasste Schmähungen,
wenn ihr entfuhren Blähungen,
mit allen ihren Härten.
Blies unter ihrem Gewand der Wind,
sprach sie von »Rock-Konzerten«.

Frau Wirtin duldete nur Großes
in dem Gewölbe ihres Schoßes,
sodass denn dank der Latten
ein größeres Ereignis stets
vorauswarf seinen Schatten.

☺

Frau Wirtin ging es menschlich nah,
wenn sie 'nen greisen Penis sah.
So hisste sie denn Fahnen
und führte ehrerbietig ein
'nen Tag für Veteranen.

☺

Frau Wirtin ward der Lust nicht froh,
wenn allzu dürftig das Niveau.
Sie sehe, ging's bei Kennern,
an Männern von der Stange stets
die Stange nur von Männern.

☺

Frau Wirtin hörte eine Maid,
sie mache sehr viel Handarbeit.
Da stellte sie die Frage,
ob sich ihr Freund, der arme Kerl,
darüber nicht beklage.

☺

Frau Wirtin hatte im Lokal
des Öfteren ein Original.
Sein Glied, es war erregend,
schlug wie 'ne Wünschelrute aus,
wenn Damen in der Gegend.

Frau Wirtin stellte fest, sie nehme
nie eines der Alarmsysteme
zum Schutze ihrer Klause.
Es schlage an ihr Unterleib,
wenn nachts ein Kerl im Hause.

Frau Wirtin war der Ehrgeiz eigen,
sich immer tolerant zu zeigen.
Doch als bei ihren Vettern
sie was gehört von »Selfmademan«,
da fing sie an zu wettern.

Frau Wirtins altes Väterchen
erzählte, dass manch Äderchen
an seinem Glied zu sehen.
Die kämen, meinte er dazu,
vom allzu vielen Stehen.

☺

Frau Wirtin pflegte Sodomiten
ihr Treiben strengstens zu verbieten.
Tat's einer aus der Riege –
oh, wie sie da gemeckert hat!
Fast mehr noch als die Ziege.

☺

Frau Wirtins Exhibitionisten
verfolgten alle Polizisten.
Er rief:»Oh welche Lüste,
wenn meinen kleinen Gernegroß
ich auf 'nem Steckbrief wüsste!«

☺

Frau Wirtin setzte dann und wann
am Schoße Elektroden an.
Lief sie dann los, die Dame,
gab's Reibung und ihr Unterleib
erhielt 'ne Lichtreklame.

☺

Frau Wirtin gab sich liberal,
litt nackte Busen im Lokal,
wobei – wie sie gefunden –
bei mancher »oben ohne« hieß,
dass alles weiter unten.

Frau Wirtin kannte 'ne Lebensmüde,
die mit Vibrator höchster Güte
so heftig sich erregte,
dass sie in Schwingungen geriet
und langsam sich zerlegte.

Frau Wirtin dacht', welch alte Leier,
und hielt sich fern von einer Feier.
Doch rief, als sie vernommen,
dass es steif zugegangen sei:
»Oh wär' ich doch gekommen!«

Frau Wirtin sprach zu mancher Maid:
»Wenn immer ihr schön reinlich seid,
braucht nichts ihr zu verstecken.
Selbst eine Vergewaltigung
verliert für euch den Schrecken.«

Frau Wirtin hielt ein Typ die Treu',
der, ungelenk und arbeitsscheu,
im Bett nur zu gebrauchen.
Zur Sicherung seiner Existenz
bracht' er sie ab vom Rauchen.

Frau Wirtin hatte stets Bedarf.
Erklärte sich, war einer scharf,
gleich mit ihm solidarisch
und liebte mancher müden Frau
Ehemann kommissarisch.

Frau Wirtin war bereit im Nu
und liebte ohne viel Getu'.
Ja, keiner durfte es wagen,
sich ohne Erektion zu nah'n,
sie wollte Fest-Zusagen.

Frau Wirtin zeigte, ohne Scherz,
ein ausgesprochen weites Herz
in allen Lebensphasen.
Darin trug sie der Glieder viel,
sortiert nach ihren Maßen.

Frau Wirtin kränkte es gar tief,
wenn einer nach der Mutter rief,
auf dass sie ihn errette.
Den Mutigen gab Orden sie
für Tapferkeit im Bette.

Frau Wirtin, artig dann und wann,
pries einen treuen Ehemann,
der nah den Himmelspforten.
Hier sei, rief sie, doch mal ein Glied
in Ehren blau geworden.

Frau Wirtin, der Soziales lag,
hielt wöchentlich 'nen Ruhetag,
dem Personal zum Segen.
Allein ihr Unterleib sah ihm
stets mit Verdruss entgegen.

☺

Frau Wirtin sprach in Seherposen:
»Bald hat die Frau sie an, die Hosen.
Was sie gar sehr verschandelt.
Da es, zu allem Unglück noch,
um Strumpfhosen sich handelt.«

☺

Frau Wirtin kannte 'nen Studenten,
der war der Albtraum ihrer Lenden.
Trieb er das Kopulieren
doch umgekehrt proportional
zum ewigen Studieren.

☺

Frau Wirtin lud zum Raten ein:
»Was, meine Herren, mag das sein:
Obwohl die Damenrunde
darüber nicht zu sprechen pflegt,
ist es in aller Munde.«

☺

Frau Wirtin war von guten Sitten,
ließ nicht etwa um Liebe bitten
den Gatten ohne Pause.
In ihrer heilen Welt war noch
der Penis Herr im Hause.

Frau Wirtin kannte 'nen Dr. Klose,
der trug sein Glied rechts in der Hose.
In seinen Jugendtagen,
als er ein Sozialist noch war,
da hat er's links getragen.

Frau Wirtin jede Art von Tönen –
Gelächter, Wonneseufzer, Stöhnen –
aufs Strengste untersagte,
als gar zu oft die Nachbarschaft
über Verkehrslärm klagte.

Frau Wirtin schuf auch ohne Zagen
für ihre Gäste Golfanlagen,
die allen sehr gefielen.
So galt es im Gelände doch,
nur Möschen anzuspielen.

Frau Wirtin sprach: »Pantoffelhelden,
die sollten, wenn sie nichts zu melden,
beim Penis sich beklagen.
Wo er sich nicht Respekt verschafft,
da hat die Frau das Sagen.«

Frau Wirtin hatte 'nen Kavalier,
der schenkte, Hand und Hals zur Zier,
ihr viele schöne Dinge.
Was sie weniger begehrt,
das waren Augenringe.

Frau Wirtin hat rasch aufgespürt
'ne Maid, die ihren Mann verführt.
Fand sie mit nackten Lenden
und wand im letzten Augenblick
sein Glied ihr aus den Händen.

Frau Wirtin, deren Mann verblichen,
ist einsam in ihr Bett geschlichen,
doch sie konnte dort nicht ruh'n.
Als Witwe hatte sie mit sich
alle Hände voll zu tun.

Frau Wirtin rief oft auf die Schnelle
des Hauses Gäste zum Appelle,
als wären sie Soldaten.
Der Herren Glieder hat sie dann
prämiert nach Härtegraden.

Frau Wirtins Schoß bot ohne Pause
einsamen Herren ein Zuhause,
selbst noch in hohem Alter.
Er war gleichsam ein Steckkontakt
statt nur ein Kerzenhalter.

Frau Wirtin würdigte den braven,
bejahrten Gast, der sanft entschlafen.
Warf ihm ins Grab 'ne Rose
und sprach, nun sei er nachgefolgt
dem Seligen in der Hose.

☺

Frau Wirtin sprach zum Töchterlein:
»Fang' dir 'nen Mann fürs Leben ein.
Die Herren sind zwar Füchse,
doch eines Tages klappt es schon.
Wirf nicht ins Korn die Büchse!«

☺

Frau Wirtin sprach: »Umsonst mein Streben,
im Alter gibt's nur Eheleben.
Vorbei das Seitenspringen.
Nicht mal 'ne Vergewaltigung
wird Abwechslung noch bringen.«

☺

Frau Wirtin hatte Geld zuhauf,
doch trug sie Evas Kleid nur auf
anstelle seidener Sachen.
Musst' dies Modell auch die Natur
ihr ständig weiter machen.

☺

Frau Wirtin gab auch Weltpremieren.
Kreierte, um die Lust zu mehren,
ganz neue Positionen.
Kein Glied, das ihr nicht dargebracht
stehende Ovationen.

Frau Wirtin hatte eine Tante,
die wohlgerundet, ohne Kante.
Doch brachte ihr, welch Tücken,
im Lauf der Zeit des Busens Last
auch noch 'nen runden Rücken.

Frau Wirtin traf bei dem Herrn Hase
geradezu auf Supermaße.
Wie freute sie sich drüber.
Doch schlimm war's dann bei Erektion,
da kippte er vornüber.

Frau Wirtins holdes Mütterlein
ließ auch mit neunzig es nicht sein.
Ihr Lebenswerk zu krönen
war nachts für Sittenstrolche sie
etwas zum Abgewöhnen.

☺

Frau Wirtin träumte, sie steh' bange
vorm Scheich mit Haremsdamen Schlange –
als Letzte, was das Schwerste.
Da gnädigst er von hinten kam,
ward sie jedoch die Erste.

☺

Frau Wirtin, gab sie eine Fete,
blies Horn, Posaune und Trompete.
Und keine Manneszierde,
die sie nicht mit geübter Hand
zur Flöte stilisierte.

☺

Frau Wirtin, sah der Gast mit Staunen,
war auch nicht immer frei von Launen.
So konnt' sie grimmig fauchen
und gleich drauf bitten: »Hose auf,
Friedenspfeife rauchen!«

☺

Frau Wirtin schenkte ihre Gunst
den Gästen, doch noch mehr der Kunst.
So hat sie gern gesungen,
Beim Verkehr ist ihr sogar
das hohe C gelungen.

Frau Wirtins Dienste, wär' zu sagen,
liefen auch an Feiertagen,
wie Ostern, Pfingsten weiter.
Selbst am Heiligen Abend kam
sie kaum noch in die Kleider.

Frau Wirtins Gasthaus, Reich der Liebe,
ward ernannt zum Lehrbetriebe.
So kam zu einem Bubi
eine Meisterin ins Bett,
zum Meister 'ne Azubi.

Frau Wirtin dacht' beim Liebemachen:
Sollt' sie weinen oder lachen.
Wollt' schon den Mann verhöhnen.
Doch da sie innigst ihn geliebt,
hat eingeübt sie Stöhnen.

☺

Frau Wirtin mochte Männer nicht,
die Liebe machen schier zur Pflicht,
indem sie Rosen bringen.
So sagte sie, hinweg damit,
sie lasse sich nicht zwingen.

☺

Frau Wirtin, die oral versiert,
war angetan, ja fasziniert
von eines Mannes Zierde:
Sein Fortsatz kam bei Frauen an,
weil er ihn marinierte.

☺

Frau Wirtin fragte den Herrn Mai,
wann er denn endlich fertig sei,
sie müsse hintern Tresen.
Der sprach: »Geduld, es dauert noch,
ich geb' dir was zu lesen.«

☺

Frau Wirtins Tante Kunigunde,
die pflegte manche Herrenrunde
mit Winden zu verdrießen.
Sie konnt' nach einem Busenlift
den Hintern nicht mehr schließen.

Frau Wirtin sah den Schoß verbannt
gar nah an ihre Waterkant,
an ihren Rio Grande.
Dass trotzdem er des Mannes Ziel,
sie Glück im Unglück nannte.

Frau Wirtin zeigte sich auch gnädig
den Herren, die oral gern tätig.
Sei's doch nicht zu verachten,
wenn sie der Frauen Pfläumelein
als Tafelobst betrachten.

Frau Wirtin hatte eine Magd,
der Sex besonders zugesagt.
Statt sich etwas zu fassen,
hat sie, wenn durchs Lokal sie schritt,
'ne Tropfspur hinterlassen.

☺

Frau Wirtin dacht': Arm dran der Mann,
wenn's Eheweib nicht kochen kann.
Sprach:»Frauen, sollt' er murren,
dann übertönt mit Lustgeschrei
im Bett sein Magenknurren.«

☺

Frau Wirtin sprach:»Ihr schönen Frauen
dürft nicht nur auf den Körper bauen,
müsst Seelenwerte horten.
Was nützt euch euer Pfläumchen noch,
wenn's Trockenobst geworden?«

☺

Frau Wirtin ließ auch, leicht vertrackt,
gerne einen fahren beim Akt.
Was sie, wenn es passierte,
mit »Wind, der Wind, das himmlisch' Kind!«
stets fröhlich kommentierte.

☺

Frau Wirtin dachte sehr sozial,
ließ älterer Magd beim Gast die Wahl.
Da nicht mehr hochkarätig,
war manche nur beim Vorspiel noch
in Teilzeitarbeit tätig.

Frau Wirtin sprach zu ihrem Mann:
»Fängst du kein andres Leben an,
leg' ich dich an die Kette.
Zu spät kommst aus der Kneipe du,
zu früh daheim im Bette.

Frau Wirtins Gast, der alte Kraft,
stand längst nicht mehr im vollen Saft,
doch hörte nicht auf Mahner.
So hat er dann nur noch gezeugt
einen Liliputaner.

Frau Wirtin schätzte am Herrn Bahr,
dass der Reinlichste er war
von allen ihren Freiern.
Da selbst sein Säckchen war so blank,
sprach sie von Spiegeleiern.

Frau Wirtin holte einst im Mai
spät nachts den Klempner noch herbei
vom nahe gelegenen Städtchen.
Der ortete das Tropfgeräusch
im Schlaftrakt ihrer Mädchen.

Frau Wirtin machte es schier krank,
wenn mal ein Gast nichts aß, nur trank.
Sie wollte schließlich Kohle.
Ein solcher musst' mit ihr ins Bett,
dass Hunger er sich hole.

Frau Wirtin pflegte zu betonen,
sie wünsche kühne Positionen,
nicht Hebung nur und Senkung.
»Genuss ohne Reue« nannte sie's,
wenn's abging ohne Verrenkung.

Frau Wirtin stellte auch mal ein
als Kellnerin ein Mägdelein
aus südlich-heißem Klima.
Als sie von Tischnummern gehört,
da rief sie: »Kann ich prima!«

Frau Wirtin kannte 'nen Herrn Lingen,
versuchte der einmal zu singen,
dann lachte das Gesinde.
Drauf hat mit der Gitarre er
begleitet seine Winde.

Frau Wirtin war, damit was lief,
bei manchem Gast oral aktiv.
Wobei ihr nicht behagte,
wenn so ein junger Kavalier
höflich »Mahlzeit!« sagte.

☺

Frau Wirtin pflegte stolz zu sein
aufs hoffnungsvolle Töchterlein.
Als die befragt Herr Budde,
was sie denn einmal werden wollt',
da rief die Kleine:»Nutte!«

☺

Frau Wirtin kannte 'nen Trunkenbold,
dem war sie nicht sehr lange hold.
Wie ließ er sie doch leiden:
Sah doppelt ihren Schoß vor sich
und konnt' sich nicht entscheiden.

☺

Frau Wirtin kannte 'nen Kartografen,
mit dem ging sie fast täglich schlafen.
Obwohl er schon in Rente,
ließ auf dem Linnen er zurück
noch ganze Kontinente.

☺

Frau Wirtin kannte 'nen Archäologen,
der bald schon aus dem Haus geflogen.
Denn als von ihren Pfunden
er Samt und Seide weggeräumt,
sprach er von »Steinzeitfunden«.

Frau Wirtins Partner Freude hegten,
wenn ihre Schamlippen sich regten,
statt sich nur still zu runzeln.
Erschien ein Glied, ging über sie
so etwas wie ein Schmunzeln.

Frau Wirtins Liftarzt, Dr. Traut,
ließ keinen Spielraum ihrer Haut,
nicht mal ein einzig' Fältchen.
Wenn oben sie die Lippen schloss,
ging unten auf das Spältchen.

Frau Wirtin, 'ne moderne Miss,
besaß auch einen Schnellimbiss
in ihrer Häuserzeile.
Auch einen Stehpuff hatte sie,
für Herren, die in Eile.

☺

Frau Wirtin kannte 'nen Baron,
der schrie: »Herbei, hab' Erektion!«
Um dann, als sie die Stufen
hinauf in sein Gemach geeilt,
»April! April!« zu rufen.

☺

Frau Wirtin kannte 'nen Herrn Klaas,
der nahm das Leben sich mit Gas.
Früh fand ihn das Gesinde
im abgedichteten Gemach
inmitten seiner Winde.

☺

Frau Wirtin konnte Herrn verachten,
die Hektik in ihr Gasthaus brachten,
in Eile stets nur kamen.
Das Essen sollt' gleich fertig sein
und ebenso die Damen.

☺

Frau Wirtin, die es toll zwar trieb,
doch dabei stets gelassen blieb,
bekam bei dem Herrn Esser,
als lautstark ihm ein Wind entfuhr,
vor Schreck 'nen Kolbenfresser.

☺

Frau Wirtin, Reichen zugeneigt,
hat sich auch sehr sozial gezeigt.
Zu groß oft ihr Erbarmen:
'ne Magd, die nicht mehr knackig war,
ging gratis an die Armen.

Frau Wirtins Ehemann, der älter
und nun doch schon etwas kälter,
ließ zu ihrem Frommen
allabendlich als Betthupferl
einen Stuntman kommen.

Frau Wirtin hat auch interessiert,
ob eine Magd sex-orientiert,
'nen Gast im Bette labe.
Ob 'nen Geliebten oder nur
'nen Ehemann sie habe.

Frau Wirtin war auch nebenbei
aktiv im Dienst der Polizei,
auch wenn es manchmal knallte.
Sie spürte mit dem Unterleib
die Räuber auf im Walde.

Frau Wirtins Haus fiel aus dem Rahmen,
wenn Jüngferchen zum Anstich kamen.
Dann hat's bei frohen Weisen
wie auf dem Münchner Wiesenfest
»O'zapft is!« geheißen.

Frau Wirtins Gasthaus anzupreisen,
hing aus ein Schild aus Schmiedeeisen.
Darauf sah man ihr Wappen:
Es zeigte eine Vagina,
die hielten auf zwei Knappen.

Frau Wirtins großer Weihnachtsbaum
ward jedes Mal zu einem Traum
durch schmucke Lichtgewänder.
Wert legte sie, wie auch beim Gast,
auf 'nen stabilen Ständer.

Frau Wirtin hatte voll den Saal,
wenn angesagt war Karneval.
Man schunkelte, sang Lieder.
Berühmt ihr Rosenmontagszug
der kostümierten Glieder.

Frau Wirtin liebte Fröhlichkeit
und ging dabei stets mit der Zeit.
An Ostern zu verbuchen
war, von den Mägden ausgeführt,
beim Gast das Eiersuchen.

Frau Wirtin lud an Ostern auch
die Gäste ein zu altem Brauch.
Im Rahmen einer Feier
prämierte bei den Herren sie
die bunt gefärbten Eier.

Frau Wirtin alterte gar sehr.
Und so fand denn, mehr und mehr,
das Gerücht Verbreitung,
es sei ihr Schoß, einst so gerühmt,
nur noch 'ne Wasserleitung.

Frau Wirtin kannte 'nen Offizier,
der war im Bett ein Kavalier.
Sprach, nach alter Sitte,
wenn um den Höhepunkt es ging:
»Gnä' Frau, nach Ihnen, bitte.«

Frau Wirtin war, emanzipiert,
jetzt nicht mehr nur darauf dressiert,
mit dem Gast zu schmusen.
Lag keinem Mann zu Füßen mehr,
mal abgesehen vom Busen.

Frau Wirtin wusst', steigt manch Frau weiter
hinauf auf der Karriereleiter
und sieht daran hernieder,
erweisen deren Sprossen sich
als erigierte Glieder.

Frau Wirtin hielt auch, unverdrossen,
ihr Haus von Zeit zu Zeit geschlossen,
mit Ruh' in allen Winkeln.
Für ihren Schoß ein Kurzurlaub:
brauchte nur zu pinkeln.

Frau Wirtin ließ, wenn's ihr pressiert,
den Schoß zuweilen unrasiert,
sodass manch Gast gewitzelt,
es habe ihr Dreitagebart
gar mächtig ihn gekitzelt.

Frau Wirtins Hintern, ohne Ruh',
nahm mehr und mehr an Umfang zu.
Schon sah sie Gäste fliehen,
denn es lässt sich zwar der Bauch,
doch nicht der Po einziehen.

☺

Frau Wirtin hörte einen Gast,
dem Frauen Körbe nur verpasst,
sich ergehen in Hassgesängen.
Ein Fuchs, dacht' sie, dem hier zu hoch
statt Trauben Pflaumen hängen.

☺

Frau Wirtin sprach: »Den Mann stimmt froh
die Frau mit knackigem Popo.
Und während er am Gaffen,
vergisst zum Glücke er, wozu
der eigentlich geschaffen.«

☺

Frau Wirtin sprach: »Die Frau hat's schwer,
macht ihr Schoß doch nicht viel her.
Es würd', nicht zu verhehlen,
bei einem Schönheitswettbewerb
der Mund die Schau ihm stehlen.«

☺

Frau Wirtin fand sie gar nicht Spitze
die gängigen Blondinen-Witze.
Bewies deshalb im Bette
jedem neuen Gast sogleich,
dass sie eine Brünette.

☺

Frau Wirtin kannte 'nen alten Herrn,
bei dem, sein Ende nicht mehr fern,
verloren Malz und Hopfen.
Statt reinzustecken, konnte sie
sein Glied nur noch reinstopfen.

Frau Wirtin dachte voller Groll,
was ist der Mann doch anspruchsvoll.
Hat er Lust zum Schmusen,
reicht der Schoß allein ihm nicht –
her müssen Po und Busen.

Frau Wirtins Magd, das Fräulein Weiß,
bekam ein Kind von einem Greis.
Sieh an, dacht' sie, der Meier,
was der in seiner Hose hat,
sind Überraschungseier.

☺

Frau Wirtin sehnte sie herbei
die Zeit, in der die Frau so frei,
voll Selbstvertrauen endlich mal
Karrieren vertikal zu machen
statt immer nur horizontal.

☺

Frau Wirtin, tätig ohne Rast,
warb einfallsreich um jeden Gast.
So war es denn ein Brummer,
dass es nach jedem dritten Akt
gab eine Gratis-Nummer.

☺

Frau Wirtin hörte den Herrn Frey,
wie jungfräulich ihr Schoß doch sei.
Da lachte die Kokette:
»Mein Schatz, was du im Dunkeln spürst,
ist meines Pos Rosette.«

☺

Frau Wirtin sprach: »Wenn Frauen laufen,
auf dem Strich den Schoß verkaufen,
sollt' Spott man sich verkneifen.
Ist der doch oft das letzte Loch,
aus dem die Ärmsten pfeifen.«

Frau Wirtins Schoß ward mit der Zeit
durch seine Arbeit weit und breit.
Sie meisterte die Phase,
verlieh mit Piercing ihm aufs Neu
jungfräuliche Maße.

Frau Wirtin fand es ziemlich mies,
dass ihr Geliebter sie verließ.
Dacht' sie an den Feinen,
wie pflegte da ihr Möslein doch
dem Burschen nachzuweinen.

Frau Wirtin, die emanzipiert,
rief: »Ihr Frauen, protestiert!
Lasst euch nicht länger knechten:
Schluss mit dem 16-Stunden-Tag
und 5-Minuten-Nächten!«

Frau Wirtin hat den Kerl verdammt,
der vor dem Gang zum Standesamt
auf und davon sich machte,
weil dank seiner geübten Hand
er wieder klarer dachte.

Frau Wirtin sprach, beim Akt verdrieße,
dass jeder nur sich selbst genieße.
Was als Paarung wir betiteln,
sei deshalb Selbstbefriedigung –
halt nur mit andern Mitteln.

Bei Frau Wirtin kehrte ein
auch so manches Bäuerlein.
Ihre Tochter Inge
entstamme, sagte man im Ort,
dem Erzeugerringe.

Frau Wirtin sorgte sich gar sehr,
kam zum Erliegen der Verkehr.
Wie schimpfte manch Geselle,
hielt ihn bei den Mägden auf
eine rote Welle.

Frau Wirtin sprach, das Hinterteil
gereiche jungen Frauen zum Heil.
Ein Lob dem Apparate,
der so sexy, dass er fast
fürs Hauptgeschäft zu schade.

Frau Wirtin stellte Frauen ein,
ob groß sie waren oder klein,
ob dick gar oder mager.
Doch alte Jungfern steckte sie
erst in ihr Trainingslager.

Frau Wirtin, einst 'ne dralle Maid,
ward Opfer der Vergänglichkeit,
was schon ihr Po belegte,
der nämlich jetzt, nach einem Klaps,
noch lang zu wackeln pflegte.

☺

Frau Wirtin wusste es genau:
Es läuft das Leben einer Frau
stets auf derselben Schiene:
Und zwar von der Pfirsichhaut
zu der der Apfelsine.

☺

Frau Wirtin war im ganzen Land
als Schleckermäulchen wohlbekannt.
Ob König oder Kutscher,
man packte aus als Gastgeschenk
der Dame Lieblingslutscher.

☺

Frau Wirtin gab von Fall zu Fall
für Debütantinnen 'nen Ball.
Da sie aus Fehlern lernte,
erhielt er, damit Tänzer da,
den Titel »Pflaumenernte«.

☺

Frau Wirtin tat das Haar sich raufen,
denn ihr Gatte war entlaufen.
»Ach ja«, sprach Tante Friedel,
»das Ganze wäre halb so schlimm,
ging nicht auch mit der Schniedel!«

Frau Wirtin meinte, langsam schlau,
es sollt' der Mensch, ob Mann, ob Frau,
vor Liebe sich bewahren.
Mit Arbeit an sich selbst würd' er
viel Ärger sich ersparen.

Frau Wirtins jüngstes Töchterlein,
scharf wie Mama, brach sich ein Bein.
Als sie, zwei Häuser weiter,
bei einem Burschen fensterln wollt',
da fiel sie von der Leiter.

Frau Wirtins Töchter, wahre Biester,
trieben's auch mit einem Priester.
Doch kam dem das nicht teuer.
Zahlte stets mit einem Jahr
Ablass vom Fegefeuer.

Frau Wirtin sah auch, in der Tat,
ein schweres Los im Zölibat.
Wenn fromm der Pfarrer bete,
ob ihm da sein Unterleib
nicht oft dazwischenrede?

Frau Wirtin war im Zeitgetriebe
bekannt für ihre Nächstenliebe.
So war sie immer wieder
selbstlos tätig im Verein
der ungeküssten Glieder.

Frau Wirtin es gar übel nahm,
als ein Akt zum Abbruch kam.
Schrie doch ein Gast: »Genug geaalt!
Herr, gehen Sie aus der Dame raus,
den Kaffee hab' ich bezahlt!«

Frau Wirtin wollt', dass mit ins Grab
komme ihr Massagestab.
Falls, dachte sie gerissen,
im Himmel er vonnöten sei.
Man könne ja nicht wissen.

Frau Wirtin sagte auf die Frage,
weshalb Dessous in Schwarz sie trage,
dass Pietät geboten,
falls in der Greise Hosen sie
treffe auf 'nen Toten.

Frau Wirtin merkte, kaum gewinnen
konnt' sie noch Liebesdienerinnen.
So hat sie denn gehandelt,
und zwar, indem sie Bet-Schwestern
in Bett-Schwestern verwandelt.

Frau Wirtin kannte 'nen Alpinisten,
der bezwungen steilste Pisten.
Entsprechend seiner Neigung
gelang auch bei den Frauen ihm
manche Erstbesteigung.

☺

Frau Wirtin las auch in der Bibel,
dieser guten alten Fibel.
Kannte Onans Walten
und hat ihn für den Schutzpatron
der Einsamen gehalten.

☺

Frau Wirtin sprach: »Auch Frauen haben
ein Lustorgan mit Wachstumsgaben.
Was weniger zu preisen:
dass häufig sich auch Bauch und Po
als Schwellkörper erweisen.«

☺

Frau Wirtin stellte, mehr und mehr,
im Bett ein Publikumsverkehr,
als alt sie, 'ne Matrone.
Bald war ihr Schoß, einst Knotenpunkt,
verkehrsberuhigte Zone.

☺

Frau Wirtin saß auch dann und wann
versonnen am Kamin und spann
und sang mit ihren Maiden
das alte Lied vom »Möslein rot,
vom Möslein auf der Heiden«.

Frau Wirtins Gast, ein Herr von Leyden,
kam ihren Mägden von zwei Seiten.
Was gab das ein Gekicher.
War bei ihnen doch vor ihm
keine Öffnung sicher.

Frau Wirtin zeigte sich kulant.
So war ganz allgemein bekannt,
dass ein Prinzip sie hatte:
Auf Mägde, die periodisch dicht,
gewährte sie Rabatte.

Frau Wirtin sprach, der Mensch verheere
die Erde, weil er sich so mehre.
Sodass die Umwelt schütze,
zog folgerichtig sie den Schluss,
wer ein Kondom benütze.

☺

Frau Wirtin kannte einen Schotten,
der pflegte über sie zu spotten.
Dacht' sie doch bei dem Bocke,
dass man nenne Dudelsack,
was unter seinem Rocke.

☺

Frau Wirtin kannte 'nen Herrn Graß,
der ihr verhalf zu manchem Spaß,
im Kopfe mit viel Grütze.
Des Gliedes Vorhaut war für ihn
nur die »Zipfelmütze«.

☺

Frau Wirtin hat sich sehr verbeten
im Hause ordinäre Reden.
Hat Anstand selbst bewiesen,
oralen Dienst vornehm genannt:
'nen Eierlikör genießen.

☺

Frau Wirtin lud der Dr. Klein
zu Mozarts »Zauberflöte« ein.
Da sprach sie: »Wie ich meine,
hat doch schließlich jeder Mann
in der Hose eine!«

Frau Wirtin schimpfte, da gezielt
man Penisse ihr vorenthielt.
Kaum dass sich einer reckte,
war auch eine Magd schon da,
die schnell hinweg ihn steckte.

Frau Wirtin kannte 'nen Tennisstar,
den fand sie einfach wunderbar,
da er viel Lust erzielte,
indem im Bette er bei ihr
mit Vor- und Rückhand spielte.

Frau Wirtin mocht' nicht die abstrusen
Models ohne Po und Busen.
Diese magere Sippe
verrate, dass die Frau einmal
entstand aus einer Rippe.

☺

Frau Wirtin dachte, armer Mann,
bald hat die Frau die Hosen an,
Beine zeigt kaum eine.
Und wenn sie schon mal welche zeigt,
dann mager: Schlüsselbeine.

☺

Frau Wirtin trieb's mal mit Herrn Piel,
der ihr dabei in Ohnmacht fiel.
Als er ließ einen streichen,
rief die Mägde sie herbei:
»Riecht mal, ein Lebenszeichen!«

☺

Frau Wirtin gab auch, ihr war's Pflicht,
Frigiden Schauspielunterricht.
Sie tat es mit dem Ziele,
dass jede mal im Ehebett
gekonnt Orgasmen spiele.

☺

Frau Wirtin heizte Mägden ein:
»Lasst lange Fingernägel sein!«
Dacht' sie doch mit Entsetzen,
sie könnten, wenn kein Gast im Haus,
mit diesen sich verletzen.

Frau Wirtin sprach: »Ihr Männerleut',
'ne Frau bringt oft mehr Leid als Freud.
Und darum, im Vertrauen:
Wer kein Glück bei Frauen hat,
der hat Glück mit den Frauen.«

Frau Wirtin machte mit viel Stil
zum Kunsthandwerk das Liebesspiel
in allen seinen Phasen.
Ihr ging kein Penis aus dem Haus,
der nicht echt mundgeblasen.

☺

Frau Wirtin sprach: »Wenn junge Frauen
sich alten Herren anvertrauen,
an ihrem Reichtum laben,
dann müssen Geld sie für Chauffeur
und für ’nen Gärtner haben.«

☺

Frau Wirtins Magd, das Fräulein Kraus,
das tauschte Opas Windeln aus.
Wobei der geile Brocken
so emsig unterm Rock ihr ging,
dass feucht sie, wenn er trocken.

☺

Frau Wirtin wollte voll Verlangen,
wenn sie von hinnen mal gegangen,
im Haus als Geist sich tummeln.
Ja, sah sich selbst noch als Gespenst
bei ihren Gästen fummeln.

☺

Frau Wirtin sprach: »Eins muss man wissen,
wer nicht wirbt, ist aufgeschmissen.«
Bei ihr zum Beispiel führe
zu Ruhm ihr Tag der off’nen Tür,
der offenen Hosentüre.

Frau Wirtin hatte einen Sohn,
der hielt nicht viel von gutem Ton.
So pflegte sich dann eben,
trat eine Dame an den Tisch,
sein Glied nur zu erheben.

Frau Wirtins Tochter Heidelind
bekam bereits das sechste Kind.
Da sprach Mama beklommen:
»Es scheint bei euch der Liebesakt
zum Zeugungsakt verkommen.«

☺

Frau Wirtin sprach: »Es tun mir leid
die Frauen der modernen Zeit
in langen Klinikfluchten.
Statt künstlich«, rief sie, »pflegte man
uns kunstvoll zu befruchten!«

☺

Frau Wirtin kannte 'nen Sanitäter,
den sie vertröstet mal auf später.
Drauf leistete im Schilfe,
wie deutlich sie erkennen konnt',
er selbst sich Erste Hilfe.

☺

Frau Wirtins Magd, eine schon reife,
bekam aufs Grab 'nen Kranz mit Schleife.
Darauf entsandten bieder
die Herren einen letzten Gruß
im Namen ihrer Glieder.

☺

Frau Wirtin sprach am Grab des Mannes:
»Du warst ein Kamerad, Johannes,
in Freud und auch im Leide,
der meinem Leben Inhalt gab,
vor allem meiner Scheide.«

Frau Wirtin mahnte: »Jünglein fein,
die Frau fängt mit dem Schoß dich ein.
Das Glück des Junggesellen,
es pflegt dann sozusagen dort,
am Schambein, zu zerschellen.

Frau Wirtin hatte einen Gast,
der für ihr Team 'nen Spruch verfasst:
»Mein Gruß euch jungen Hüpfern,
die ihr an meinem Grabe steht,
voll Andacht in den Schlüpfern.«

Frau Wirtin ging es um Profit.
So nahm sie schließlich alles mit.
Doppelt zahlten Greise.
Männer, die noch jung und schön,
hingegen halbe Preise.

☺

Frau Wirtin konnte den Nerv schon rauben
ein Gast, der voller Aberglauben,
mit seltsamen Beschwerden:
Wollt' bei ihr am selben Tag
der Dreizehnte nicht werden.

☺

Frau Wirtin kannte einen Herrn Rauh,
zu dem, obwohl er alt und grau,
die Frauen in Scharen wallten.
Denn wer sein Schniedelchen entdeckt,
hat Finderlohn erhalten.

☺

Frau Wirtin kannte einen alten Jecken,
dessen Glied schwer zu entdecken.
Oft fing sie an zu fluchen,
sie habe einfach keine Zeit,
lang danach zu suchen.

☺

Frau Wirtin mahnte ihre Maiden
nach oralen Tätigkeiten –
sollt' der Gast auch lachen –,
stets mit vorgehaltener Hand
schön Bäuerchen zu machen.

Frau Wirtin hatte einen Gast,
der Winde ließ schier ohne Rast.
War sein mit Haut und Haaren.
Ist er doch jedes Mal bei ihr
mit Rückstoß eingefahren.

Frau Wirtin hatte auch einmal
'ne Taschendiebin im Lokal.
Es holte diese Lose,
vom Gaste völlig unbemerkt,
den Penis aus der Hose.

Frau Wirtin kannte 'nen Internisten,
der pflegte sie zu überlisten,
und zwar bei seiner Buchung.
So rechnete das Vorspiel er
ihr an als Untersuchung.

☺

Frau Wirtin sprach: »Ihr Frauen, sagt an:
Wer spannt, gemein, euch aus den Mann? –
Wenn ihr's nicht könnt, ich kann es:
Die größte Nebenbuhlerin
ist die Hand des Mannes.«

☺

Frau Wirtin sprach, sie schätze sehr,
gehen Frauen schick einher.
Doch etwas sie erbose:
Jeden Tag ein anderes Kleid –
bei gleicher Unterhose.

☺

Frau Wirtins Nichte, Fräulein Muck,
war angetan vom Uni-Look.
Und so trug mitunter
sie Schuhe, Strümpfe sowie Kleid
braun wie den Slip darunter.

☺

Frau Wirtins Magd, das Fräulein Dahl,
wollt' haben es nur noch oral.
Sie war ein wildes Wesen.
So hörte man in ihrem Bauch
klappern Zahnprothesen.

Frau Wirtin hat auch festgestellt,
dass das Gewerbe Sex für Geld
das älteste im Runde.
Manch Oma, noch aktiv, könnt' gehen
als Frau der ersten Stunde.

Frau Wirtin sah schon dazumal
betagter Witwen große Zahl.
Sie dacht', kein schön' Gebaren,
dass Männer alte Ehefrauen sich
per Exitus ersparen.

Frau Wirtin treibt es heut' nicht mehr.
Freund Hein zog sie aus dem Verkehr.
Dem Pilger – »Oh, welch Große!« –
wird selbst an ihrem Grabe noch
ganz anders in der Hose.